바람 냄새 나는 사람

바람 냄새 나는 사람

1판 1쇄 펴낸날 2025년 10월 31일

지은이 이월춘

펴낸곳 시와시학
펴낸이 송영호
대표 김초혜

주소 서울특별시 동대문구 망우로21길 45 (202호)
전화 02-744-0110(대표)
　　　010-8683-7799(핸드폰)
전자우편 sihaksa@naver.com(회사)
　　　　　sihaksa1991@naver.com(편집부)

출판등록 2016년 1월 18일
등록번호 제2021-000008호

ISBN 979-11-91848-33-5 (03810)
값 12,000원

* 저자와의 협의에 의해 인지를 생략합니다.
* 잘못된 책은 바꾸어 드립니다.

본 도서는 2025년 경상남도 경남문화예술진흥원의 문화예술지원을 받았습니다.

이월춘 시집
바람 냄새 나는 사람

■ 시인의 말

배고프다 배고프다
울던 소쩍새

보고 싶다 보고 싶다
보채던 강아지풀

흰나비 노랑나비 날고 있다
언덕배기 감자밭

어머니 눈매 같은
감자꽃 피었다며

— 「감자꽃」

어머니 생각하면
먹먹하다.
그뿐이다.

우리나라 사천삼백오십팔 년 가을
해남 땅끝순례문학관 백련재문학의집에서
이월춘 절

차례

005   시인의 말

제1부 나무의 시간

013   나무의 시간
014   그리운 밥
015   봄날의 맑은 시름
016   산사에서 밝히는 연등
017   다비茶毘
018   강물같이 저물어 가느냐
019   아직도 서울은 나를 밀어낸다
021   청파동을 걷다
022   연두는 봄꽃 냄새였네
023   사는 게 다 그렇지
024   벚꽃 피면 울고 싶다
025   스트릿 우먼 파이터
027   버킷 리스트
028   마음의 화사첨족畵蛇添足

제2부 마음 心에 관한 소고 小考

031　　마음 心에 관한 소고 小考
032　　꽃잎의 무게
033　　거룩한 비애
034　　거꾸로 읽는 인생
036　　하지 감자
038　　프루스트의 의자
040　　칠선계곡에서
041　　설날
042　　채송화가 제비꽃에게
043　　리얼리티
044　　송 松
045　　노썸바디존
046　　잡 雜에 대하여

제3부 미모사 같은 여자

049 　시은市隱
051 　조푸
052 　귀신을 찾습니다
053 　만수산 무량사
054 　실내포차에서
055 　쉬운 공부
056 　아침 이미지
057 　예쁜 쓰레기
058 　철원
059 　미모사 같은 여자
060 　멀칭은 독재다
061 　봄의 보폭은 느닷없다
062 　불낙지

제4부 도깨비는 힘이 세다

065　염장이 강 씨
066　백호대살白虎大殺
067　양생養生의 도道
068　유채꽃과 연두가 사는
069　항아리
070　풍년이발소 문 닫는다
071　해인사 된장
072　구멍가게 인생
073　예외 없는 삶은 있다
074　혼자 먹는 밥
075　도깨비는 힘이 세다
077　참빗
078　쓰리고

제5부 바람 냄새 나는 사람

081 　마적대에서
082 　바람 냄새 나는 사람
083 　열시 반
084 　고창에서
085 　창동 네거리에서
087 　진해는 그냥 왔다가는 마음
089 　진해역
090 　속천
091 　진주
093 　꽃사슴에 놀라다
094 　밀양의 사랑
095 　누가 뭐라 할 수 없는 저녁

096 　해설 | 이달균

제1부 나무의 시간

나무의 시간

고려와 조선의 천 년 역사를 품은 마을에
수령 육백 년은 되었다는 당산목이 있네
아직도 바람이 불면 나뭇가지 춤을 추고
잠잠하면 그늘에 동네 아이들을 재우지

장마에 작은 가지 하나라도 부러지면
용식이 아버지 중풍으로 누웠을 때처럼
동네 어른들 다 모여 치성을 드렸고
마른하늘에 뇌우雷雨가 울어 답을 하곤 했지

둑 너머 낙동강이 범람했을 때도
의연하게 마을을 감싸안으며 토닥였고
난리가 나 너나 나나 편 갈라 싸울 때도
말없이 푸른 잎을 건사하던 팽나무였지

세상이 바뀌어 인공지능이 나무를 키운다 해도
아이들이 없어 학교가 문을 닫는다 해도
낙동강 칠백 리에 사람살이는 여전하고
조용히 나무의 기침 소리를 기다리는 사람들 있지

그리운 밥

삼대로 이어진 백 년 곰탕집에서
오래전 가신 부모님 생각하고
어릴 때 깡통 차며 놀았던 동무들 떠올리면
갑자기 입맛이 달아나고 없다

멀리 사는 자식들이 그립고
먹는 것이 가장 중요한 일이 되었지만
먹방이 넘쳐나고
여기저기 맛집이 널렸건만
마주하는 기억과 교감交感이 없어
영혼이 허기를 느끼는가 보다

새벽 들일 나서며 후루룩 먹었던
어머니의 갱시기죽 한 그릇
밥그릇에 내 인생이 담겼거늘
먹는 아이에서 먹이는 어른이 되어
먹고사는 일의 신산辛酸함에 경의를 표한다

봄날의 맑은 시름

밀양 무안 마을에 가서
배꾸마당에 앉은
소의 눈망울에 얹힌 문장을 읽었다

세계에 대한 궁금증과 우주에 대한 신비감
아이들의 마음 밭에 물을 주어라

어제는 바람이 불고 비가 내렸다
돈 안 된다고 멸시하는 것들의 고귀함
불행하고 불안하며 속속들이 병든 불신 사회
네가 살아야 나도 산다

나는 왜 여기 있는가
아프지만 결코 무너지지 않았다
돌아가 오늘은 벚꽃 아래서 밤을 새야겠다

봄날의 맑은 시름
고상하지 못하면 어리석어야지
저속해지면 피던 꽃도 져버릴 테니

산사에서 밝히는 연등

십만 원을 내고 연등을 달았네
소원지에 아무것도 적지 않았네
화창한 날씨에 새소리 정겹고
산기슭의 꽃들도 환하게 웃는데
골짜기를 타고 온 바람에 흔들리는 풍경風磬
봄은 절정에 이르러 풍진風塵을 벗고 있네
마음속 어둠까지 밝힐 수 있을지
부처의 손가락을 잡고 싶었네
아무리 좋은 일도 없는 것만 못하다는데
일없이 살고자 한 적 없었던 내가
어찌 중생을 구하고자 한단 말인가
감히 어두운 세상을 밝힌단 말인가
접히고 구부러진 마음 다독일 수 있다면
연꽃 등처럼 바람을 두려워하지 않겠네

다비茶毘

선사禪師도 대강백大講伯도 아닌
평생 절간의 궂은일 도맡아 하시고
열반에 드셨다는 스님

하얀 연기 다음
회색빛 잿더미
미련도 미망迷妄도 없네

간간이 불어오는 봄바람과
상수리, 소나무 더미가 전부지만
너와 나를 때리는 죽비竹篦 경책警策

강물같이 저물어 가느냐

모란이 질 때는
저 큰 달도
마음에 그늘을 드리우고

그대 가슴이 문을 닫을 때는
저렇게 높은 산도
구름으로 얼굴을 가렸지

물정物情 몰라 헤아리지 못한 정情 누고
세상은 아무렇잖게 흘러만 가는데

풋내 나는 인연에 갇힌 나는
강물같이
그래 강물같이 저물어 가느냐

아직도 서울은 나를 밀어낸다

스물에 사회주의자가 아니면 심장이 없는 것이고
마흔에도 여전히 사회주의자라면 머리가 없는 것이라 했지

창원중앙역에서 서울역까지 케이티엑스를 타고
오만 이천백 원어치의 침묵만큼 졸다가
까짓것 여좌천 벚꽃처럼 부질없이 피었다 지면 그뿐이려니
산이 뜨지 않는 강물이 있더냐

앉은뱅이책상 위엔 고료 없는 청탁서 몇 장과
펀치 구멍 뚫린 통장과 두꺼운 홈쇼핑 책자들
무어라 말할 수 없는 것들의 무거운 말씀까지

오늘따라 술친구들도 전화기를 껐는지
몸에 가둔 시간만큼 바람만 불고
분노의 다리를 건넌 슬픔이 지리멸렬을 향해
망상의 번식력을 자랑한다

남도의 끝자락 응석까지 받아주는 그대는
하늘과 땅을 엮어 설렘을 키우는 내 안의 산이요
낮은 마음을 안고 흐르는 내 안의 강이다
미혹迷惑이여, 설움의 빛깔이여
저 산과 강을 다 끌어안고 바다에 들고 싶다

청파동을 걷다

서울역에서 가까운
용산구 청파동을 걸었네

사랑 없는 정의는 차갑고
잔인하고 몰인정하다는데

청맹과니로 불사이군不事二君했던
청파靑坡 기건奇虔을 떠올렸네

곳곳의 브런치 가게마다
사람들 통밀빵에 커피잔 들고
늦은 아침을 먹는 청파동

연두는 봄꽃 냄새였네

봄꽃 냄새 맡겠다고 나섰네
아이를 목말 태운 젊은 아버지와
꽃반지를 손에 든 싱그러운 엄마
좋은 걸 아는데
아름다운 걸 아는데
때가 되면 꽃 피우는 나무와
연두의 세상을 펼쳐가는 시간이
자꾸만 부러워 하늘을 보았네
저 풍경 속에
내 것은 없고
앞으로도 없을 거라 여기니
봄꽃 냄새 대신
세상의 온갖 연두가 다가왔네

사는 게 다 그렇지

사는 게 다 그렇지
산 넘고 물 건너면 별천지가 있을까
대중가요보다 못한 시詩 구절을 찾느라
내면의 골짜기를 헤맨 밤이면
사람들의 특별한 불행은 원래 없는 것
나는 어떻게 과거의 삶을 살아낼까
삶의 문을 여닫는 것도 신에게 미루면
내 의지와 상관없는 고통과 상처는
스스로의 언어와 대답으로 넘어가고
세상은 에이디에이치디에 걸린 지 오래
때론 날것을 탐하는 사심이 뿌리 깊구나
물 맑고 공기 좋은 지리산 마천
저지방 고칼슘 흑염소 진액 한 상자
막무가내 환호 아래 허위단심 여우비
울지도 웃지도 마라 사는 게 다 그렇지

벚꽃 피면 울고 싶다

화단의 꽝꽝나무 가지가 꿈틀거리더니
산모롱이 돌아 그예 벚꽃 피는 기척
그대의 마음이 오는 것 같네

숱한 서리와 얼음의 시간을 건너왔으니
강렬한 밤 벚꽃과 꽃잎 뒤의 아픈 그림자
사람답게 사는 길을 묻고 있네

힘들어도 묵묵히 견디는 나무의 여유
삶의 여백을 채운 소중한 시간 앞에
더 이상 두려워서 꽃을 찍지 마시라

꽃이나 보자고 이 봄날 일부러 왔나
머잖아 모란 영글고 작약 피면
속울음 몇 줌 밀봉해서 부쳐야지

스트릿 우먼 파이터

지금까지 나는
필요와 쓸모에 집착까지 더해
목도장 파듯 이름을 팔며
한 생애를 말아먹었다

일과를 마친 고깃배들
파도에 더러 일렁이면서
밀물과 썰물 같은 이치나 논리
저만치 밀쳐두고
죽어라 매달려도 안 되는 거 많은데

성공과 실패 명명백백한 일 말고
안 해도 되는 일
서툴러도 잘못해도 되는 일
그냥 하고 싶어서
그저 좋아서 하는 일

그래서 나를 발견하는 일
저 맑고 투명한 땀방울에

가득한 웃음과 순수
그리고 정열
지는 것과 패배는 다르니까

버킷 리스트

생의 끝에서 떠올리게 될 한 방울
번지점프나 패러글라이딩은 너무 위험한 상상
피라미드나 타지마할은 소망의 은행이 너무 멀다
가보지 못한 길을 가려 들지 않는 마음
나의 나에게 르완다 커피 한잔 권하며
그 갈피마다 서려 있는 추억의 길을 가고 싶지
버킷 리스트가 아니라 앙코르 리스트랄까
잃어버릴 미래보다 사라져 갈 과거는
혼자 읽는 책 속에도 숨겨 놓은 길이 있어
한순간을 다시 살아내는 능력을 키우고
아픈 현재보다 뿌연 미래보다
의미 깊었던 나의 과거, 어머니의 가슴이여
더 이상 죽음의 오솔길에 쌓인 낙엽이 아니라
끝내 그리워할 것은 이미 지나간 나날
다시 살고 싶은 어제와 오늘의 아침 햇살이다
걷지 못한 길이 아니라 함께 걸어서 충만했던 길
맛보지 못한 것이 아닌 맛보아서 행복했던 그것이
생생하게 살아있을 때가 버킷 리스트

마음의 화사첨족畵蛇添足

무지개처럼 떠올랐다가
훌쩍 가버린 사람

돌아서고 나서야 아쉬운 커피향처럼
갖고 왔던 것인 양 두고 가는 마음

붉게 물들어가는 감나무 잎마저 입술을 깨물어
애가 타서 조마조마한 여운을 달랜다

회색 구름 아래 바람이
조선낫날처럼 날아다녔다

노인회관 앞마당 팽나무 낙엽들은
서둘러 뿌리로 돌아가고

내 안의 또 다른 내가
일일이 취하고 버리지 않아야 한다면
뱀 대가리가 따로 있겠나 싶은데
땅에 발붙이고 별을 볼 수는 없겠지

제2부 마음 心에 관한 소고小考

마음 心에 관한 소고小考

한 사람과 다투고 돌아온 날 밤
고개를 숙이고 먹을 갈았습니다
반가울 때는 먼저 앞으로 나아가고
간절할 때는 공손하게 포개어지는 손처럼
마음과 마음을 들여다 봅니다
애당초 하나로 꿰이는 게 아니었나 싶어
어지럽게 흩어지는 구름 같은 마음
미풍에도 흩날리는 꽃잎 같은 마음 心
비스듬한 획이 미늘처럼 확 잡아채라는데
관계와 인연의 질긴 미련 때문에
아직도 나는 心을 다 쓰지 못합니다
당분간 아프고 싶지 않습니다

꽃잎의 무게

소임을 다한 벚꽃이 집니다
색깔만큼 아련한 한 세상을 만들고
영원의 책갈피를 하나씩 넘기듯
꽃잎 위의 빗방울이 무거워서
마음을 놓아버린 것은 아니겠지요
겨우내 움츠렸던 벚나무의 가볍지만
어마어마한 삶의 무게 때문 아닐까요
그 무게를 오롯이 안고
누군가 그림을 그리고
시를 짓고 노래를 부르겠지요
어묵 리어카 앞을 지나가며
봄비에 젖은 어깨를 텁니다

거룩한 비애

비애는 입을 다물고 있다 늘
소리 없이 왔다가 잘 떠나지 않는다
밝은 슬픔이나 즐거운 속울음은 없다
자주 바닥에 앉거나
생의 옆구리쯤에 무겁게 산다
서성이는 사람의 등에
일회성 빛이 되거나
불 꺼진 여인숙 간판 아래
쭈그리고 앉은 삼팔 씨나 사칠 씨의
담뱃재가 되어 곧 떨어지는 하루같이
비애는 결코 어슬렁거리지 않는다
알 듯 모를 듯 오전에서 오후로 가지 않고
울타리 너머 세상을 기침도 없이 예감한다
너도 나도 누구도 귀찮다면서 데리고 산다
간신히 밀어낸 너의 하루에
살아남은 사람의 불면을 얹으면
너도 나도 아무도 함부로 울 수 없다

거꾸로 읽는 인생

커피 한잔 앞에 두고 등 뒤로 햇살을 받는다
사설과 칼럼을 읽으며 논지를 훑고
인생 철학 한 토막에 시 한 편 담아본다
천천히 곱씹을 지혜도 배우고
눈자위가 뜨뜻해지는 사회면 기사에 커피 맛나다
경제 위기에 사회적 논란이 분노와 해결을 부르짖고
밥맛 없는 정치 공방이 가장 뜨거운데
앞으로 갈수록 뜨겁고 시끄럽지만
하루만 지나면 가치가 주락하는 속보들
이 또한 지나가리라며 점점 식어버리고
대형 참사나 희생자들은 며칠이나 갈까
사람들은 속보에서 속보로 긴급 속보로 가는데
학대받던 아이가 굶어 죽었고
어차피 잊어야 할 사연과 사건들이라면
왜 매일 신문은 오는 걸까
시끄러운 세상사, 뛰듯이 해치울 순 없다
구석의, 활자가 작은 글부터 읽어야지
삶의 여백과 생각의 여유가 펼쳐진 마당
무엇이든 사라지는 게 아니라 잊혀지는 것

네 편과 내 편으로 갈라져 으르렁대는 양극단
함부로 1면을 보지 마시라 손발만 데는 게 아니라
희뿌연 희망까지 다 타버릴 수 있으니까
지금, 당장을 좇아가지 말고 시간을 관통하는
아름다운 무지개는 종종 뒤에 있다

하지 감자

사랑은 타이밍이라고
자연스럽게 서로의 누군가가 되어버리는 것
언제나 남보다 한발 빠른 남자와
한 템포 느린 여자가 각자의 속도로
문득 흔하게 피어버린 접시꽃을 본다

일 년 중 가장 높아진 한낮의 태양 남중고도
해가 떠서 지기까지 머리 위를 지나면서
지상으로 내리쬐는 직사광선 아래 푸른 잎들은
붉고 흰 꽃들이 분홍꽃을 부르는 시간이다

사랑은 쟁반같이 둥글다가 이가 빠지듯
해를 따라 도는 해바라기의 진지한 두 손 앞에
가녀린 꽃대에 취해 실하게 든 알뿌리
해 질 무렵의 볕이 날마다 더 길게 꼬리를 문다

아버지의 농사 달력에는 메밀 파종, 감자 수확,
고추밭 매기, 마늘 수확과 건조, 보리 타작,
그루갈이용 늦콩 심기, 병충해 방제

해도 해도 농사일은 끝이 없는데 장마가 오신다

저녁 먹고 동네 마실 가듯 헐렁하게 조금 아무렇게
주먹구구로 흘러가는 유월의 옆구리 같아도
땅내 맡은 논배미는 나날이 청청록록하고
백로와 두견새 날개 위로 보릿고개 지나간다

프루스트의 의자
– 자코메티 '걷는 사람'

하늘 아래 새로운 것은 없다
고전적인 바로크 스타일의 골목길을
신인상주의 화가가 너풀너풀 걸어간다

과거는 언제나 회상의 다리를 건너며
점묘법으로 사라지는데 색채는 종종 뒤에 있다

오늘도 결론으로 비약하는 인간의 본성 앞에
충분한 증거는 소용없다며 바람이 분다

유리벽을 두고 시시때때로 끊임없이 소리쳐야
보폭과 무관하게 하루를 건너갈 수 있다

산 너머 어디선가 친구의 친구에게 들었다며
불안한 도시 전설이 태어나고
쉽게 믿고 쉽게 혹하는 세태가 나팔꽃처럼 자란다

일상은 영화 범죄도시 시리즈처럼
대단한 기승전결이나 반전을 기대하지 않고

가진 자를 중심으로 돌아가는 시스템의 계단마다
비겁하게 뒤에서 눈 흘기며 헛소리한다

나 대신 치러주는 불신의 주먹과 맞짱의 통쾌함이
단순함을 넘어 확증편향적 사고를 부를 때
신발 밑창에서 질경이가 무럭무럭 자랄 것이다

불공평한 세상과 맞짱 뜨지 못하는 존재들에게
비아그라 같은 알약 하나 던져줄 수 없다면
더는 얕볼 수 없는 군중심리를 선동할 수 없다

비 맞으며 조용히 삭아가는 저 의자의 다리처럼
외부를 벗겨낸 실존은 늘 앙상하다

칠선계곡에서

조각구름이 산에 들면
골짜기 맑은 물 산을 내려간다
별다른 뜻이 있겠느냐만
오탁악세五濁惡世의 번뇌
산봉우리를 넘어가니
다툼 없고 어진 마음
물과 구름만 같아라

설날

있던 사람이 없기도 하고
처음 보는 아이가 뛰어다니기도 하는
마룻바닥에 세월이 들어가 반들거린다

구김도 많고 옹이 빠진 구멍도 많아
나이가 들어도 변한 것은 별로 없어
사랑도 욕망도 꿈 하나도 버리지 못했다

누구는 마당 한구석에서 담배를 피우고
누구는 말없이 처마 끝 하늘을 본다
예나 제나 먹고사는 일은 엄숙한 일이다

채송화가 제비꽃에게

너도 나도 내성적인 사람이다
말도 어눌하고 얼굴이 자주 붉어지며
모둠 수업 때 열등감의 활발함에 놀라고
인문학 공부 조찬모임의 곤란함까지
생각도 않고 말부터 지르는 사람들의
찬란한 뒷수습은 언제나 내 몫이라는 슬픔
침묵이 무능이 되어 전전긍긍하고
갈등이 만들어 내는 자극의 과잉이 싫어
동아리 모임도 점점 줄어들고 있다
제가 좀 내성적이라서요 같은 말
이제 안 해도 되는 음지가 양지 되는 것인지
인생에 아름다운 의미는 없다
삶을 해명하게 되면 비루해지므로
끝까지 나는 외향성의 제국에 들어가지 않으련다

리얼리티

마흔을 지나 쉰과 예순을 거쳐
일흔을 눈앞에 두고 있지만
죽음과 이별과 슬픔은 친해지지 않았다
풀지 못한 문제들이 얼마나 많기에
아직도 자꾸만 다가오는 옛날이다
한 번 핀 꽃은 반드시 한 번은 지지만
내 인생에 암시와 복선은 없었다
쉼 없이 내달리다 멈춘 적도 많았고
그만두기도 한두 번이 아니었지만
현실은 언제나 리얼리티였다
니체가 신은 죽었다고 하기 전에
생성과 소멸이 무한히 반복되는 여기뿐
영원하고 고통 없는 세계는 존재하지 않았다
돈이 만드는 경쟁과 서열화의 마당에서
불안과 불행의 사다리를 타면서
날 때부터 지금까지 고통을 껴안고 살았다
어차피 필연의 삶은 어디에도 없으니까
현실은 언제나 리얼리티였다

송松

먹도 붓도 소용없다
빛도 바람도
새소리에
계곡 물소리까지
제 몸에 담고
하늘과 사람 사이에 서서
아랫마을 밥 짓는 연기에
늙은이 헛기침까지 받아
녹청綠靑이 되었으니

노썸바디존

세상은 백 년 전에도 거지 같았다

아침마다 출판사 리뷰나 별점을 매기며
넷플릭스에서 길을 잃고 스스로 구겨지는데
한 번도 마이너로 살아보지 않은 새가
사람과 사람 사이 안전거리를 유지한 채
값싼 자기 연민에 빠져 신파를 읊조린다

억지로 쌓아 올린 전봇대 나뭇가지 집도
사람들의 웃음을 부르지 못하고
순간순간 어제의 일도 까먹고 마는 비주류다

안나 카레니나를 다시 읽으며 고집을 키우다가
아들딸이 더 이상 최고의 행복인가

바보같이 두고 보겠다는 말만 중얼거리며
그래, 이러다가 죽을 수도 있다 여긴다

여전히 바뀌지 않는 나만의 안전지대
다시 백 년이 가도 세상은 거지 같았다

잡雜에 대하여

여러 가지가 뒤섞여 순수하지 않거나
아무렇게나 막된 사람을 잡놈이라 하지

경화시장 전집에 갔더니
메뉴판에 잡전이 있네
부추전, 고구마전, 호박전, 오징어튀김, 배추전을
한 소쿠리에 담아낸 것인데
막걸리 안주에 간단한 식사 대용으로 딱이네

동지冬至 전후 어머니는 젓갈을 달였네
어렸을 땐 멸치젓을 끓여 액젓을 내렸는데
손맛 좋은 목포 아지매한테 배웠다면서
전라도 게미진 김치 맛보려면 잡젓이 최고라
갈치속젓, 병어젓, 황석어젓, 멸치젓을 섞어
온 집안에 짭짤 비릿 골골한 냄새 진동했네

해가 지고서야 집에 들어갔는데
오늘 장인匠人이 블렌딩한 동네 커피처럼
시간이 흐르면서 맛도 깊어지니
어허, 그것도 지금은 간간한 그리움이네

제3부 미모사 같은 여자

시은市隱

　당唐나라 시인 가도賈島의 '은자를 찾았으나 만나지 못하고尋隱者不遇'를 읽었네
　소나무 아래에서 머스마에게 물으니 선생님은 약초를 캐러 가셨다 하네
　이 산속에 계시기는 하지만 구름 깊어 어디 계신지 모른다 하네
　눈썹 하얀 은자는 어디 계시는지

　죽림에 모여 거문고 뜯고 술 마시고 청담淸談을 논하면서
　속세의 그물에 걸려들지 않는 삶을 지향했던 죽림칠현竹林七賢도
　'서성書聖'으로 불리는 동진 시대 왕희지도 관직을 접고 청경우독晴耕雨讀했다지
　소동파와 함께 북송의 4대 서가書家로 꼽히는 미불米芾이 '관은官隱'이라면
　지방 사립 사대를 나와 평생 선생 노릇한 나는 교은教隱인가

불현듯 산다는 게 간단치 않은 무게로 다가오고,
인간관계가 덧없이 여겨질 때면
세상에서 한 발짝 멀어지고 싶은 것이 인지상정
나는 자연인이다, 처럼 대리만족의 우산도 못 쓰고
깊은 산으로 들어갈 용기는 아예 없어
어찌어찌 기상천외한 21세기형 은자隱者가 되었네

조푸*

여리고 물러터져
꼭 조푸 같은 녀석이라 불렀어
사흘거리로 병치레하던 나를

세상엔 얼마나 단단한 놈이 많으냐
야무지고 똑 부러지는 당찬 사내아이를
일자무식 아버지는 바랐으리라

대문 옆에 팽나무 한 그루를 심던
식민지 백성의 고루한 아버지

모든 일에 모든 순간에
최선을 다한다면 금세 죽을 수도 있지
화려한 각오나 뜨거운 투혼 닮으랴

사람들은 조푸를 상대할 때도 칼을 드는데
디오게네스처럼 대낮에 등불을 들고
숨어버린 수오지심羞惡之心을 찾아가야겠다

* 두부의 경상도 사투리

귀신을 찾습니다

죽순이 햇대를 지나 초록이 짙은데
세상은 쌓인 죄의 손바닥처럼 가볍다
'전설의 고향'이 십 년 전에 문을 닫았지

삼복에도 텔레비전에 납량 프로가 없다
사람들이 귀신을 무서워하지 않아서란다
케이팝이나 미스터트롯에 열광해서겠지

악인필벌의 회초리가 귀신의 소명이었다면
혼이 제거된 몸뚱이에 소비욕만 잔뜩
두려운 존재가 없고 거칠 것 없는 세상
귀신은 없고 귀신 같은 것들이 넘친다

눈에 띄지 않고 참 오래 살아왔는데
하긴 귀신보다 더 무서운 놈들 하나둘인가
귀신이 곡할 만한 일들이 너무 많다

만수산 무량사

만수산萬壽山에 무량사無量寺가 있네
요사채 섬돌에 앉아
유월 장마 장대비를 보네
무량의 시간과 만수의 행복
세상의 말씀은
저렇게 쏟아지는데
문득 서러워라
한 조각 마음 둘 데 없으니

실내포차에서

깻잎 꼬다리를 떼고 삼겹살 싸 먹는 여자와
국수 가락을 끝까지 끊지 않고 면치기하는 남자가
해물 모듬 한 접시를 놓고 소주를 마신다

멍게의 노랑이 해삼의 거무티티를 누르고
꼬물꼬물 낙지다리가 개불 몸통을 감으려 한다

말없이 소주 세 병을 마신 두 남자가
다시 해물파전에 두 병을 더 시키고
취한 조명이 창 너머 바다를 비추기 시작하면
의기양양 낚싯배가 닻을 내린다

당신의 하루가 나의 내일과 만나는 시간
우럭 매운탕에 공깃밥이 서로 술잔을 든다

쉬운 공부

아무에게나 아무 때나 쉽게
제 속을 보이지 마라시던 어머니
얼굴 붉히지 않고 화내는 법
마음 상하지 않게 상대를 위하는 법
아직 배우지 못했다
눈과 입을 닫고
종일 귀를 열어두어도
걸핏하면 보증을 서 은행 들락거리고
사흘거리로 아내와 싸웠다
무엇이 들고 나는지도 모르는 마음에
어찌 꽃이 피고 향기를 피울까
세상의 빨랫줄에 마음을 넌 적도 없고
매사의 손짓에 고분고분 눈을 준 것뿐
그저 외롭고 높게 아프고 슬펐을 뿐인데
공부가 가장 쉬웠다고 누가 말하시나

아침 이미지

나는 아침의 숭배자
마음의 문을 활짝 열고

성스러운 빛의 시간을 맞이하며
갓 내린 커피향에
잠시 총명해지기

속됨이 없는
저 단순함과 순수의 갈피에
깃든 지혜를 만나고

자연의 가장 작은 소리에
귀 기울이며
아침을 여는 의식

알고리즘이 쏟아내는
세상의 소식은 접는다
나는 아침의 숭배자

예쁜 쓰레기

'조화 반입 금지' 현수막이 걸렸다
까마귀가 나는 스산한 공원묘지 입구에
자주 가지 못하는 죄책감을 덜어주는 위안
알록달록 수놓은 풍경이 괜찮았는데

생화 헌화가 아름답다지만
며칠 안 가 말라비틀어질 텐데
내년 설에나 다시 올 텐데
환경 보호냐 국내 화훼 농가 살리기냐

중국산 조화 수입으로 재미 본
후배는 한숨을 내쉬지만
대기와 토양 오염에 미세플라스틱까지
명분이 약하니 어쩔 수 없단다

합성 섬유와 플라스틱, 비닐, 철심으로 만들어
인체에 해롭고 재활용 안 되는 예쁜 쓰레기 대신
말린 꽃이나 프리저브드 플라워*를 둘까
차 보닛에 까마귀 똥이 떨어져 있다

* 생화를 특수 보존 처리해 수년간 유지 가능한 가공화

철원

시간의 발자국을
함부로 찍은 죄가 모여
불발탄이 되었고
언제 터질지 모르는
지뢰가 되었다
길가에 무성한 풀숲에서
아직도 피 냄새가 났다

미모사 같은 여자

어디서 봤을까
참하고 보드라운 저 여자

새침한 것 같다가
수줍어 부끄러운 저 여자

조심스레 내민 손에
안으로 오므려버리는
잠풀 같은 여자

해도 저물지 않았는데
예쁘다고 멋모르고 건넨 손
한없이 부끄러운 오후

접은 마음을 열 때까지
그윽한 눈빛으로
충분한 인사 보냈네

멀칭은 독재다

아버지의 아버지도 모내기의 민족
친구의 참외 비닐하우스에서 보았다
제초제의 무지막지를 막는다고
AI로봇을 부를 수도 없는 21세기의 들판
다 눌러버리고 선택받은 메뉴들만
뚫린 구멍마다 쑥쑥 올라오는 초록의 신비
땅속 세상의 양분과 수분을 독차지해
기발한 농사의 독재 멀칭
날마다 웃자라는 생각의 잡초를
검은 무기물로 덮어 하루가 시작된다

자연 상태를 거세하고
이쁜 놈만 키워내는 그럴듯한 사랑
백일장 심사위원들도 머리를 흔들고
강의실에서도 친절한 챗GPT가 멘토인 세상도
멀칭을 기다리고 있다

봄의 보폭은 느닷없다

머뭇거리거나 주저함도 없고
에둘러 말하기는 더더욱 없지
친밀하다 싶으면서도 낯설다
꼬리를 자르고 달아났다가
다시 나타나는 도마뱀처럼
과거는 없고 늘 현재만 존재하는
아는데 알 수 없는 이름이다
이상하거나 괴이쩍지 않았고
이 세상은 시작도 끝도 없었다
잔잔하고 느린 음악이 오시며
전류처럼 차가운 이물감 없이
단순하고도 명료하게 벚나무가 되어
잎보다 꽃을 먼저 피운다

불낙지

명예퇴직금으로 닭집 열었다가
다시 돼지국밥집 차렸다가 말아먹고
말년에 처자식과 떨어져 혼자 지낸다는
오랜 친구 순태와 불낙지 볶음 먹었네
처절한 생존의 꿈틀거림 앞에서
꺼칠해진 손으로 자주 비우는 술잔
저 미소는 너털웃음일까 쓸쓸함일까
부드럽고 쫄깃한 세상의 저녁 무렵에
빨간 소스 때문일까 새콤 매콤 거칠다가
살짝 텁텁한 듯 하루는 지금부터 먹물인데
어느덧 우리 사이는 잔뜩 해무가 끼어
눈빛만큼 감칠맛만큼 그윽하게 말이 없고
그래 언제 몸 움직이지 않고 산 적 있었나
낙지집 천장과 벽에 스며든 꿈틀거림이
오래된 기억처럼 굽은 등을 두드리고 있었다

제4부 도깨비는 힘이 세다

염장이 강 씨

목욕시키고 갈아입혀 묶는 것을 염습이라 하지요
코로나로 죽은 환자는 입은 옷 그대로
이중 비닐 팩으로 밀봉하고 입관해서 화장장으로
보내요
유족은 대개 격리 중이라 제가 대신하지요
삼일장은 언감생심 세 시간 만에 화장해
영정도 위패도 없이 소독약만 잔뜩 뿌리고
애도 받지 못한 죽음에 슬퍼할 겨를도 없어요
어떤 이는 멀쩡하게 걸어 들어와 가족 얼굴도 못 보고
유언도 없이 한 줌 재가 되어 생이 마무리되었어요
남이 안 하는 것 가장 하기 싫어하는 것을 하지요
위를 보면 힘들지만 아래를 보면 견딜 만해요
죽음은 외면하고 혐오할 일이 아니지요
생졸生卒은 이어져 있어요 고독사와 무연고 망자는
상주와 조문객 없는 장례를 치를 때가 많지요
살아있을 때부터 버림받은 사람들이지만
평온한 얼굴로 가시지요 본 모습으로 돌아간 셈이니
한 되 남짓 뼛가루가 되어 바람에 날아갈 테니
다 내려놓고 안녕히 가세요 술잔 올리지요

백호대살白虎大殺
– 엿치기

동네 배꾸마당에
엿판 둘러맨 엿장수가 오면
담 넘는 동지 바람처럼 그가 나타났다
백호대살 팔자를 타고났다는 그는
엿치기의 명수였다
겉이 매끈하면 별 볼 일 없어
어영부영 이것도 아니고 저것도 아니면
사는 게 영 재미없는 것처럼
거두절미
뚝 분질러야 제맛 아이가
동네 농사에 상일꾼이었던 그는
답답한 가슴을 풀기 위해
엿을 먹었다는 그는 서른 즈음
농로農路에서 봉고차에 치여 죽었다

양생養生의 도道

늦게 온 버스에 신발이 짜증을 낸다
햇살 좋은 아침 출근길에 구겨진 점퍼가 우울하다

비가 오면 그래서 좋고
바람 불면 그래서 즐겁다는 사람은 없다

아이를 안고 그림책을 읽어주었던 어제가
일에 치여 동동거리는 오늘을 치유할까
번잡하고 소란스러운 삶을 다독이는 꽃들

감각의 인지는 멈추고 정신이 하려는 대로
제도나 규식規式적인 기예를 넘어
맑고 깨끗한 정신으로 엮는 사람살이

그대 마음에 틈이 있고
내 마음에 두께가 없으니
어찌 하늘 아래 두려움이 있겠는가

유채꽃과 연두가 사는

선명한 노랑의 머리 위에
살랑이는 연두의 눈썹을 보아라

구불구불한 길을 따라
노랑의 이야기를 듣다 보면
그대와 봄날의 꽃은 지루하지 않네

산등성이를 물들인 연두의 손발에
골목마다 굽이치는 사연들
기꺼이 관습은 버리고 감성을 따라가자

작은 가게마다 저마다의 냄새를 풍기고
오밀조밀 지붕 낮은 집들
해 질 녘이면 집집마다 등불을 내거는
사람들의 등이 따뜻하다

항아리

우물처럼 항아리를 들여다보면
사람은 꽃처럼 돌아오지 않네
잊을 수 없는 일과
잊을 수 없는 사람이 있지만
지금 할 일을 애써서 하는 까닭이
어제의 시간과 바람이
오늘의 생각이
내일의 무논과 새잎이
너와 같은 내 마음을 덮고 있기 때문이네

풍년이발소 문 닫는다
– 이발사 오경철 씨

동네 이발소에 머리감개로 들어와
허드렛일 삼 년 후 바리캉을 들었고
오십이 년을 이발사로 살았다
뭐니뭐니해도 먹고 사는데
신발 가게와 이발소만 한 게 없다던
아버지가 열두 살 나에게 내린 처방이었다
장발 시대와 아이엠에프 바람에도
나는 끄떡 없이 봄가을을 맞았다
세월이 반질반질한 가죽 의자
가죽 띠에 쓱쓱 갈아쓰는 일자 면도기
물때가 잔뜩 낀 플라스틱 조루
군데군데 타일이 깨진 세발대를 껴안고
예쁜 면도사에 안마니 뭐니 하지 않고
이발소는 머리를 깎는 곳이라고
싹둑싹둑 자르지 말고 사각사각 잘라야
남자 머리라고 이발소는 이발소고
미용실은 미용실이라 하다가 문을 닫는다

해인사 된장

아직도 구식 폴더폰을 쓰는 사람이다 그는
한두 푼 모자라는 사람도 아닌데
속이 깊어 단순 따스한 사람일까
아마 동백꽃을 닮았을 것이다
전화번호 자주 바꾸는 사람은
아무래도 좀 그렇지 않나

예의도 염치도 없어진 세상
사람들은 서로를 믿지 못하는데
애달픈 한때의 고난과 사랑을 담은
해인사 된장 한 통 보내왔네
명자꽃이 지더니 구절초가 피었다

가야산자락 백태에 고불암 약수
몇 년간 간수를 뺀 신안천일염까지
속세의 바람을 멀리해선가
함부로 굴리지 않은 마음 덕이겠지

구멍가게 인생

어두컴컴한 골목 어귀
희망여인숙에 김씨가 산다
일당벌이로 혼자 산 지 칠 년이다
여인숙旅人宿
여행객이 묵는다는 집에
전입신고도 없이
월 30 달방살이로
예순여섯의 인생을 말고 있다
새벽달은 이지러져도
달빛은 변함이 없는데
옆 방의 윤씨는 방세를 못 내자
그제 새벽에 도망을 갔고
부적도 몰라보는 무식한 귀신은
방구석에 쭈그리고 앉아
라면을 끓이고 있다

예외 없는 삶은 있다

참척慘慽이라는 말도 있고
천붕天崩이라는 단어도 있고
창자가 끊어진다는 언어도 있지만
세상에 자식보다 오래 살고 싶은
부모도 있다
정신장애아 지수 엄마 기순 씨와
발달장애아 태수 아버지 영규씨다
밥 먹었느냐로 시작해
밥 한번 먹자로 끝나는 인사를 나누고
기순 씨는 마산식당으로 가고
영규씨는 합성 일자리센터로 간다
세상 어디에도 예외 없는 삶은 있다

혼자 먹는 밥

경남문협 이사회에 다녀왔다
가입한 무슨 무슨 모임이 한둘 아니지만
언제나 동이불화同而不和가 되어 따로 논다
혼자들이 함께 악수를 하고
서로 접대용 안부를 묻지만
모두 혼잣말을 주고받는 혼자일 뿐
여럿이었으나 혼자였고
혼자 서 있다가 혼자 돌아서는 모습
술을 마시다가도 혼자 돌아가고
스마트키를 눌러 혼자 집에 들어가고
혼자만의 색깔과 언어 사이를 들락거리며
안에서나 밖에서나 홀로 겉돌다가
드디어 혼자만의 울타리에 갇혀
혼자 먹는 밥의 숟가락질 익숙하다

도깨비는 힘이 세다

어젯밤 서낭당 고갯마루에서 도깨비를 만났다
다짜고짜 씨름을 해서 이기면 보내주겠다고 했다
도깨비 씨름은 옛날부터 정평이 나 있는데
어쩌겠나, 심판 없는 한밤중의 한판
나도 한 씨름 하는지라 승부는 나지 않아 식식거리다
늙은 소나무 너머로 동네 새벽닭이 울자
도깨비는 손을 풀고 냉큼 사라졌다
온몸이 땀에 젖어 머리를 흔들다 정신을 차려보니
오래된 몽당빗자루를 끌어안고 있었다 꿈에

너는 도깨비고 나는 사람이라며 서로 싸우지만
누가 도깨비인지는 심판만 안다
도깨비가, 사람이 승자인지 패자인지는 중요치 않다
사람과 도깨비의 싸움은 언제나 미완이니까
세상에 영속되는 일은 없고
불완전한 마음이 그럴듯하게 엮어내니까
누구도 나를 위한 유토피아를 만들어 주지 않는다

살다 보면 나뭇잎 사이 바람처럼

이판사판 한판승보다 한 수 접어주는 뒷걸음이
함부로 도깨비방망이를 휘두르는 영악한 소인배들
새벽빛에 놀라 널브러지던 몽당빗자루 아닌가
거짓 언설과 지저분한 싸움일수록 도깨비처럼 힘
이 세다

참빗

들길 걸어서 이십 리
외갓집 가시는 날
단정하게 빗어넘겨
동백기름 바르시고
면경 보시던 어머니

담양 갔다가
참빗 하나 샀네
반달 모양 얼레빗도
면빗도 아닌
빗살 가늘고 촘촘한 사각형

쓸 일도 줄 사람도 없는데
참빗 하나 샀네

쓰리고

동네 의원 김 박사는
내 삼십 년 주치의다
두 달에 한 번
당과 혈압을 체크하고
처방전을 받아 약을 탄다

늘 쓰리고를 조심하라고
합병증의 결과는
죽음 아니면 편마비라며
윤약국 약사님 쓰러지신 거 아시죠?

고혈당, 고혈압, 고지혈증

장애인 되면 어쩌려고 그러세요
술 담배 끊고 운동하시고
약 반드시 드시고요
쓰리고 잊지 마세요
쓰리고!

제5부 바람 냄새 나는 사람

마적대*에서

모시나비가 고치에서 빠져나와
날개를 말리는 시간

산은 제 속의 그늘을 꺼내
낮은 곳으로 내보낸다

구부러지거나 끊어진 길도
에움길로 돌아서 왔는데

아직 다 가지 못한 길
어른어른 보이는 더 먼 길

나의 신神은 어디 계시는가

* 함양 마천의 지리산 둘레길 4구간에 있음.

바람 냄새 나는 사람

경화오일장을 거닐었지
삶은 돼지머리 냄새처럼
가격표가 없는 월남치마가 바람에 펄럭이고
내동댕이치는 동태 궤짝을 피해
장돌뱅이들의 호객 소리에 귀를 내주면서

나이 들고 넉살이 늘어도
국산 콩 수제 두부는 어떻게 사야 하며
맏물 봄나물을 만나려면 어디로 가야 하는지
말 없이는 세상을 살 수 없는 재래시장

갓 구운 수수부꾸미를 맛보며
고들빼기김치나 부드러운 고사리나물을 담고
과일 노점 옆 참기름집에서 이웃을 만나고
오는 사람마다 결을 맞춰주는 마법의 시장

경화오일장을 바람처럼 거닐었지
나만의 광야, 즐거운 소란 속으로
나만의 고독을 끌고 들어가 아픔을 벗고
마침내 어둠의 갈피 속에서 길을 찾아냈지

열시 반

중앙성당 맛나의 집은
오전 열시 반에 문을 연다

아침밥과 점심밥
소위 아점을 드시려고
진해 시내 할매할배들 오신다

아홉시부터 기다리는 분도 많아
자원봉사자들 정말 분주하다
사정이 있어 못 오시는 분들을 위해
방문 도시락도 몇 십 개 싼다

길거리에 벚나무 낙엽 흩날리고
연두색 조끼 입은 청소원들
종종걸음으로 하루를 달리는 중이다

고창에서
- 고인돌

죽은 돌이
산 자의 이마를 어루만졌다

햇살 좋은 봄날
내 인생의
길흉화복을 아뢰지도 않았는데

서쪽에서 바람이 불어왔다

창동 네거리에서

내 의사는 매번 타인의 자유와 부딪치고
참으로 미숙한 시국은 여전히 불신을 키우며
악의든 타의든 날마다 떠올리고 버렸던
가난한 마음의 벽에 반창고를 붙인다

칠십년대 학번치고 수배 안 당해 본 놈 있나
믿고 아껴왔던 거대한 무엇이 한순간 흔들리고
슬기로운 세월의 여정은 그저 오늘을 잘 견디는 것
대머리 한 분이 지나가며 눈을 흘긴다

삼일오회관과 중앙극장은 벌써 문을 닫았지
시민극장은 부림시장처럼 이름만 그대론데
학문당 유리문은 여닫을 때마다 조심스럽고
황금당 골목엔 찻집보다 술집이 많다

건너편 골목엔 아직 창동 허새비 이선관의
기침 소리가 절름거리며 돌아다니는데
코아 앞 족발 골목엔 고갈비집이 있을까
남성동 지하도 건너 어시장에 불이 밝다

오동동 파출소 쪽으로 마음이 기우는데
거목다방 앞에서 듬뿍 마시던 최루가스
빵모자를 눌러쓴 사내가 잡화 리어카를 끌고 간다
그런데 내딛는 발걸음마다 왜 이리 슴슴하지

진해는 그냥 왔다가는 마음

신병 훈련을 수료한 아들의 그을린 등짝과
숯불구이 통닭과 김밥을 나눠 먹고
진해루 앞바다에 아쉬움처럼 다문다문
소리도 없이 내려온 장복산 단풍에
벚나무 가지에 걸린 노을의 손가락이 길다

세 개의 로터리를 돌고 있는
백범과 충무공의 발자국들
사관학교 생도들의 각 잡힌 구두 소리로 지나가고

약속처럼 탑산에 저녁 불 들어오면
속천 선술집 피조개에 소주 한잔 걸친
신항 개발 절대 반대 현수막이 펄럭이고
여좌동 미군사고문단 정문 앞에서
미군 철수 목쉰 절규가 몇 졸고 있다

행암 거쳐 수치 명동까지 수심愁心만 허허로운데
물고기도 바지락도 깊은 바다로 가버리고
진해떡전어 먹어본 지 참 오래됐다

소쿠리섬 돌아 들어오는 고깃배 몇 척
늙은 부부 어부의 등에 노을이 내려오시고
성흥사 목탁 소리 월하 김달진의 기침 소리
곧고 푸르게 닦아놓은 안민고개 넘어가면
흑백다방 커피 향에 마음을 추스린다

진해역

모든 존재가 미지였고 가능성이었지만
나뭇잎마다 심오하고 부조리했다
탑산을 넘으면 바다가 있겠지
언제나 안에 있지만 밖이었던 시절
떠나면서 돌아오지 않을 권리를 생각하고
갈수록 사람들의 뜸한 소식에
무심코 바라보던 하늘과 산
어디 산모롱이 하나 돌아가면
딸랑딸랑 폐역이 생기고
옛 시간은 벌써 달아나고 없다
기다림의 칸과 떠남의 칸 사이에서
천 개의 그림을 그리던 너 혹은 나
무수한 시간의 주름들 속에서
다 읽은 하루의 책을 덮으면
다시 새로운 어제의 마지막 장이 열려
잠시 졸다가 일어난 대합실 의자
첫차를 타기도 하고 막차를 기다리던 마음은
지금 어디서 서성거리고 있을까

속천

중원로터리에서 황해당 지나 속천 간다
착한 사람들이 낮게 엎드려 사는
나가야 언덕배기마다
더러 얼굴 붉히는 삿대질도 살지만
아무 일도 아닌 듯
바람 한 점 없는 포구 속천
벚꽃잎 속에 통통통 뱃전 파도 들어가
하늘과 땅이 맞잡은 손바닥에
화해의 손금을 그리고 있다
천년풍우 그 들깨 씨앗 같은 날에도
먼 산등성이 낮달과 함께
하늘은 푸르고 아득하여 눈물 나는 속천
꽃 지기 전에도 내 것 네 것 다투지 않는
반반의 기쁨과 즐거움을 나눠 갖고
장복산 그림자 슬며시 내려와 깔리면
아들 낳고 딸 낳고 호젓하게
풋열매를 키우며 물소리에 귀를 씻고
또 한세상 사무치면 될 일 아닌가
등불을 켜 드는 속천

진주

진주 재즈를 남강 유등에 띄운다
냉면에 비빔밥까지 든든하게 속을 채운 뒤
수복빵집 거쳐 죽향의 차향까지
방치된 낡은 집들의 신음을 삼키다 보면
자유는 분수처럼 기지개를 켤 것이다

시간이 흐르지 않는 하동복집 지나
세상의 바깥에 있는 세상을 만나면
두 발로 걸으며 뿔 없는 짐승 한 마리
강가 바위 평평한 엉덩이를 두드리며
비로소 이탈의 욕망을 다스리겠다

변두리에서 그냥 없어진 것들처럼
무한한 펄떡임의 선율 따라
포르릉 몇 마리의 새를 날리다 보면
다시 그리운 진주 사람들
남성당한약방과 더불어 형평의 마음 알겠다

유장한 강물에 생의 얼룩을 말리며

더러는 하동 순천행의 고개를 넘고
더러는 산청 함양으로 물길을 내겠지만
수백 년 묵은 마음은 한반도를 넘어
몽골 대초원의 말발굽 소리로 피었겠다

꽃사슴에 놀라다

매화가 흐드러진 줄 알았네
벚꽃도 다 진 사월 오후
한라산 중산간에서
느닷없이 만난 점박이 무늬 한 마리
황적색 뿔 하나가 부러진 놈
일부다처 세상 이치 따르느라
이쁜 색시 두고 사생 결투하였구나
십장생 염원일랑 접어두고
신비로운 한라산 숲 갈이처럼
성스럽게 뿔 갈이 하시게나
네 뿔과 내 마음을 잇고 싶으니

밀양의 사랑

그해 오월
밀양 위양지에 가서
이팝꽃을 따
그대를 마음에 담았지만
세월은 흘러
어쩌겠나
눈송이 같은 마음
다 녹아버렸지만
아직도 가슴이 아려오는데

누가 뭐라 할 수 없는 저녁

할 일 없이 어제를 보냈고
하릴없이 오늘을 걷는다

한나절의 어깨를 밟고
남은 한나절이 들썩이고 있다

누가 뭐라 하는가
어디쯤에서 나아가고 물러섰는가

이별의 어떤 손짓도 없이
이렇게 살아서는 안 된다고

그런 날이 있지
몸 안의 길이 환해지는 그런

불행과 불우를 다 끌어안은
누가 뭐라 할 수 없는 저녁

■ 해설

이월춘 시집 『바람 냄새 나는 사람』을 읽고

이달균(시인)

모산牟山, 사람이 그리운 날들이오,
그런 만큼 사람 냄새 나는 시가 그리운 요즘이오.

1. 상실의 시간을 기억하라

 떠나는 이름을 불러보아도 내 사람은 저만치 가 있다. 섬에 닿기 위해 정박한 배를 띄웠지만 지향 없는 배는 망망대해를 헤맨다. 그것이 세월 탓인지는 알 수 없다. 요즘 시는 안개와 흡사하다. 시업詩業을 닦아온 지 벌써 수십 해가 지났는데 시집은 풀기 어려운 암호처럼 잠겨있다. 난해한 질곡을 헤매다 빠져나오면 몸은 젖은 채 천근만근이다.

　이월춘 시인과 함께 읽고 쓰고, 편지를 주고받던 시절이 있었다. 많은 밤을 방황하며 지향 없는 논쟁으로 함께 세웠던 날들은 아직도 우리 곁에 있다. 문득 예이츠가 노년의 원숙한 기념비적 영혼을 갈망하며 노래한 「비잔티움으로의 항해」를 생각한다. "오! 마치 벽의 금빛 모자이크 속에 있는 것처럼/신의 성스러운 불 속에 서 있는 성인들이여,/성화로부터 나오라/(중략)/그리고 내 영혼의 노래 스승이 되어라/(중략)/심장은 스스로가 뭔지 알지 못하니, 그리고 나를/영원한 예술품 속에 넣어다오." 예이츠가 그토록 가고 싶었던 비잔티움은 지리적 장소를 넘어 추구하는 가치를 실현하는 정신의 성지였다. 그러므로 그곳은 시인이 정한 유토피아, 분열된 의식을 치유하는 상징 공간으로 존재한다.

　한 번 망각의 지우개가 지나고 나면 사랑은 흔적도 없이 사라진다. 하지만 망각의 힘보다 사랑의 힘이 더 강한 사람도 있다. 난로 옆에서 누군가 낮은 음성으로 책을 읽어주는 친구가 있다면 얼마나 좋을까. 시인 이월춘은 그렇게 내 곁을 지켜준 친구다. 내가 바라보는 곳을 그도 바라보았고, 노을이 질 무렵엔 노을빛으로, 한갓진 간이역에 닿으면 나를 기다리는 그림자로 서 있었다. 시심 남루하여 고통스러울 때 눈빛만으로도 위로하고 위로받는 문우로 살아왔다. 청춘 시절 우리들은 기댈 나무가 필요했다. 하지만 기성의 그 무엇도 우릴 구원하지 못했다. 그래서 불완전한 두 나무는 서로를 엮어 사다리가 되었다.

  이십대의 의기투합은 그렇게 시작되었다. 동인 활동을 같이했고, 결혼도, 첫 시집도 비슷한 시기에 했다. 결혼식, 첫 시집 출판기념회 사회도 서로가 봤다. 아직도 우린 불완전함을 안다. 그러므로 상실의 시간을 오래 기억하며 살기로 했다. 우리에게 상실은 메마른 토양을 비옥하게 하는 거름인 까닭이다. 이젠 침묵으로도 무엇을 원하고, 원하지 않는지를 아는 나이가 되었다. 벌써 예이츠가 「비잔티움으로의 항해」를 지은 나이보다 10년을 더 살았다.

2. 비애의 외투를 벗은 실존은 긍정이다

    하늘 아래 새로운 것은 없다

    고전적인 바로크 스타일의 골목길을

    신인상주의 화가가 너풀너풀 걸어간다

과거는 언제나 회상의 다리를 건너며
점묘법으로 사라지는데 색채는 종종 뒤에 있다

오늘도 결론으로 비약하는 인간의 본성 앞에
충분한 증거는 소용없다며 바람이 분다

유리벽을 두고 시시때때로 끊임없이 소리쳐야
보폭과 무관하게 하루를 건너갈 수 있다

산 너머 어디선가 친구의 친구에게 들었다며
불안한 도시 전설이 태어나고
쉽게 믿고 쉽게 혹하는 세태가 나팔꽃처럼 자란다

일상은 영화 범죄도시 시리즈처럼
대단한 기승전결이나 반전을 기대하지 않고
가진 자를 중심으로 돌아가는 시스템의 계단마다
비겁하게 뒤에서 눈 흘기며 헛소리한다

나 대신 치러주는 불신의 주먹과 맞짱의 통쾌함이
단순함을 넘어 확증편향적 사고를 부를 때
신발 밑창에서 질경이가 무럭무럭 자랄 것이다

불공평한 세상과 맞짱 뜨지 못하는 존재들에게
비아그라 같은 알약 하나 던져줄 수 없다면
더는 알볼 수 없는 군중심리를 선동할 수 없다

비 맞으며 조용히 삭아가는 저 의자의 다리처럼
외부를 벗겨낸 실존은 늘 앙상하다

- 「프루스트의 의자 - 자코메티 '걷는 사람'」 전문

  보내온 시들 중에서 이 시를 만났다. 시종일관 견지해 온 시인의 결은 고요함이었다. 그런데 이 시에선 목이 쉰 소리가 난다. 잔잔함을 잠시 밀어내고 탁성의 목소리를 들려주는 이유는 무엇인가? 그 의문의 열쇠는 부제로 붙인 자코메티의 '걷는 사람'과 무관치 않아 보인다. 인간 존재의 내면적 고독을 탐구한 한 조각가가 우리에게 던진 물음은 그리 간단치 않다. 자코메티가 구축한 중년의 형상은 불안하다. 균형 잡히지 않은 몸매와 고독한 시선, 비쩍 말라, 커 보이는 키에 정면을 응시하며 걷는 사내는 외로워 보인다. 타협을 거부한 혼자만의 고독에 사로잡힌 탓일까.

  다종 다변의 시대에 굳건한 성벽을 향한 저항은 쉽지 않다. '너풀너풀 걸어'가는 화가와 절제된 과학에

근거하는 신인상주의의 조합처럼 불가해한 면도 있다. 시인은 상반된 두 이미지를 충돌시켜 시대를 향한 목소리를 들려준다. 그렇다면 상반된 두 이미지의 동행은 어디쯤에서 소실점으로 만날까? 비록 손쉬운 타협에 이르는 생물학적 나이에 이르렀지만, 자신만의 저항을 던져버리지 않겠다는 시인의 의욕은 완강하다.

프루스트의 '잃어버린 시간'은 다시 오지 않는다. 베케트 역시 '고도'를 기다렸지만 끝내 고도는 나타나지 않았다. 하지만 우린 잃어버린 시간을 찾아야 하고, 오지 않는 고도를 기다려야 한다. 비록 현실은 '유리벽'에 갇혀있으나 시인은 '시시때때로 끊임없이 소리'친다. '친구의 친구에게 들었다'며 소문은 꼬리를 물고, '쉽게 믿고 쉽게 혹하는 세태' 앞에서 '불신의 주먹과 맞짱의 통쾌함'을 통해 신발 밑창을 뚫고 무럭무럭 자라는 질경이를 키워내어야 한다. 모두가 잘났다고, 시대의 주인공인 양 '군중심리'를 등에 업고 투사처럼 나아갈 때 자신은 비록 '걷는 사람'처럼 앙상한 존재자로서의 외로움을 사랑하며 살아가겠다는 다짐은 차라리 당당하다. '외부를 벗겨낸 실존', 즉 탐욕과 허위의 외투를 벗고 알몸으로 서는 것이 바로 진정한 용기가 아니겠는가.

비애는 입을 다물고 있다 늘

소리 없이 왔다가 잘 떠나지 않는다

밝은 슬픔이나 즐거운 속울음은 없다

자주 바닥에 앉거나

생의 옆구리쯤에 무겁게 산다

서성이는 사람의 등에

일회성 빛이 되거나

불 꺼진 여인숙 간판 아래

쭈그리고 앉은 삼팔 씨나 사칠 씨의

담뱃재가 되어 곧 떨어지는 하루같이

비애는 결코 어슬렁거리지 않는다

알 듯 모를 듯 오전에서 오후로 가지 않고

울타리 너머 세상을 기침도 없이 예감한다

너도 나도 누구도 귀찮다면서 데리고 산다

간신히 밀어낸 너의 하루에

살아남은 사람의 불면을 얹으면

너도 나도 아무도 함부로 올 수 없다

　　　　　　　　　　　　－「거룩한 비애」 전문

「프루스트의 의자」에서 외로움 속에 내재된 저항을 보았다면 이 시에선 '비애'의 존재를 찾아내는 것이

관건이다. '거룩'함과 비애는 상충하는 말이기 때문이다. 시를 분석적으로 읽는 것을 좋아하지 않지만, 이해의 폭을 넓히기 위해서는 어쩔 수 없다.

첫 구절에서 '비애는 입을 다물고 있다'고 전제한다. 슬픔도, 눈물도 표출하지 않는 내면 깊숙한 어떤 대상, '소리 없이 왔다가 잘 떠나지 않'고, '생의 옆구리쯤에 무겁게' 붙어 살고 있는 존재. 그런데도 일회성이 아니고, 누군가의 담뱃재처럼 쉽게 떨어지는 것도 아니며 어슬렁거리지도 않는다면 끈질기면서도 단호한 그 무엇이다.

비애는 만져지지도 드러나지도 않는다. 삶을 결정짓는 중심축은 더더욱 아니다. 이탈로 칼비노는 『보이지 않는 도시들』에서 도시를 통해 인간 존재와 삶의 다양한 층위를 탐구하려는 의지를 드러낸다. 마르코 폴로의 입을 빌려 말하는 그 도시들은 몇 가지 주제별로 분류되어 있다. 그러나 이들 도시는 모두 실재하지 않는다. 하지만 그 도시들은 서로 상징적 의미와 은밀하게 연결되어 있다. 칼비노처럼 시인도 실재하지 않는 이름들을 직조하여 내일을 예감한다.

시인이 창조한 비애 역시 다양한 층위에서 살고 있는 생명의 다른 이름이다. 기생하듯 살고 있지만, 이 역시 완강한 무의식의 존재임에 틀림없었다. 주인공은 아니지만 무대에선 없어서는 안 될, 나와 타인의 감정을 조율하는 존재가 바로 비애였을까?

'자주 바닥에' 앉기도 하고, '울타리 너머 세상을 기침도 없이 예감'하기도 한다. 지쳐 있지만 눈은 형형하다. 그렇다면 비애는 시인 자신의 영적 존재로 이해해도 무방하다. 앞의 시에서 외롭지만 타협하지 않는 자코메티의 '걷는 사람'과 이 존재가 겹쳐 보이기도 한다.

결구로 가면 비단 시인뿐만 아니라 다른 이도 비애를 거두고 산다. 귀찮아서 '간신히 밀어'낸 비애 위에 불면의 이불을 덮으면 울고 싶어도 울 수 없는 현실과 마주 서게 된다. 은유는 복합적이다. 비애란 말은 그 자체로 슬픔을 내재한다. 그런데 슬퍼해선 안 되는 존재를 비애라고 한다면 울고 싶어도 울 수 없는 절망의 벼랑쯤으로 이해하면 되지 않을까. 아무리 노력해도 닿을 수 없는 현실이라면 이 악물고 살아보자는, 슬픔을 넘어선, 새로운 긍정의 자세로 봐도 무리는 아닐 듯하다. 그런 관점에서 보면 시인의 비애와 거룩함은 상당한 설득력을 얻는다.

3. 나무의 시간에 기대어

고려와 조선의 천 년 역사를 품은 마을에
수령 육백 년은 되었다는 당산목이 있네
아직도 바람이 불면 나뭇가지 춤을 추고
잠잠하면 그늘에 동네 아이들을 재우지

장마에 작은 가지 하나라도 부러지면
용식이 아버지 중풍으로 누웠을 때처럼
동네 어른들 다 모여 치성을 드렸고
마른하늘에 뇌우雷雨가 울어 답을 하곤 했지

둑 너머 낙동강이 범람했을 때도
의연하게 마을을 감싸안으며 토닥였고
난리가 나 너나 나나 편 갈라 싸울 때도
말없이 푸른 잎을 건사하던 팽나무였지

세상이 바뀌어 인공지능이 나무를 키운다 해도
아이들이 없어 학교가 문을 닫는다 해도
낙동강 칠백 리에 사람살이는 여전하고
조용히 나무의 기침 소리를 기다리는 사람들 있지

- 「나무의 시간」 전문

 앞서 본 완강함과 비애의 옷을 벗어버리고 나면 대상에 다가가는 눈은 한결 부드러워진다. 나무의 시간 위에서 바라보는 시선은 여유롭다. 연륜이 다스린 결은 편안하면서도 속되지 않다. 지층을 뚫고 폭발하는 활화산이 아니라 시간의 층위를 재는 휴화산처럼 시의 결은 고요해진다. 청진기를 들고 미세한 소리의 결을 듣다 보면 그 속에 숨은 많은 이야기와 만나게 된다.
 이런 서사성은 이월춘 시인의 장점이다. 한 그루 노거수를 따라 고려와 조선, 지금의 폐교, 인공지능의 미래까지를 오고 간다. 어디 그뿐이랴. 중풍으로 쓰러진 용식이 아버지 이야기며 낙동강 범람했을 때의 사연, 서로 편 가르며 싸운 난리버꾸, 물관의 수액을 따라 더 거슬러 가면 임진년 왜적에 분탕질당한 그 살육의 고통까지도 나무는 알고 있다. 그렇기에 나무는 선지자이며 스승이다. 스승은 내가 모르는 것을 아는 이가 아닌가. '나무의 기침 소리'를 들으며 시간을 조명한다. 노거수의 그늘에 앉아 찾아가는 역사 여행은 스승이 펼치는 조곤조곤한 이야기책처럼 여유롭다.
 모르긴 해도 시인의 고향, 창원시 대산면 모산리에

도 마을을 지키는 팽나무 하나쯤은 있으리라. 북쪽으로는 강이 흐르고, 동남 간에는 마을 사람들의 양식이 되는 들판이 있다. 박경리 선생은 하동 악양에 가보지 않고 대하소설 『토지』를 썼다. 그것은 마을의 생김새가 어디나 거의 유사하기 때문이다. 그러므로 시간의 경험 또한 얼추 비슷하다.

치산치수가 마땅하지 않은 예전엔 홍수로 물이 범람하곤 했다. 이제 그런 사연을 아는 이는 많지 않다. 하지만 그가 떠올린 당산목은 마을을 지켜낸 사람의 기억, 그 아득했던 아픈 사연도 알고 있다. 동네를 지킨 나무가 무엇을 모를까. 하지만 나무는 과거만을 말하지 않는다. 외려 동심으로 아이들을 감싸며 눈을 맞추기도 하고, 인공지능의 시대마저 함께 아우르는 균형자를 갖기도 한다. 그런 의연함과 균형은 시방 시인이 닮고 싶은 자세라고 보여진다.

여러 가지가 뒤섞여 순수하지 않거나
아무렇게나 막된 사람을 잡놈이라 하지

경화시장 전집에 갔더니
메뉴판에 잡전이 있네
부추전, 고구마전, 호박전, 오징어튀김, 배추전을

한 소쿠리에 담아낸 것인데
막걸리 안주에 간단한 식사 대용으로 딱이네

동지冬至 전후 어머니는 젓갈을 달였네
어렸을 땐 멸치젓을 끓여 액젓을 내렸는데
손맛 좋은 목포 아지매한테 배웠다면서
전라도 게미진 김치 맛보려면 잡젓이 최고라
갈치속젓, 병어젓, 황석어젓, 멸치젓을 섞어
온 집안에 짭짤 비릿 골골한 냄새 진동했네

해가 지고서야 집에 들어갔는데
오늘 장인匠人이 블렌딩한 동네 커피처럼
시간이 흐르면서 맛도 깊어지니
어허, 그것도 지금은 간간한 그리움이네

- 「잡雜에 대하여」 전문

앞의 「나무의 시간」이 대상을 관조하고 성찰하는 시라면 이 시는 붓 가는 대로 그린 한 폭 사실화다. 세속을 그려내면서 천박에 빠지지 않는다면 그게 바로 경지다. 이를테면 온갖 분탕질이 난무하는 장터에서 봉황이나 진경산수를 그리는 혁필 장인을 만난 것과 진배없다. 이 시는 잡雜것들의 노래다. 시에서 진한 젓갈 냄새가 난다. 풍자와 해학의 사설시조를 보는 듯하다. '아무렇게나 막된 사람', '메뉴판에 잡전', '전라도 게미진' 맛이며 '짭짤 비릿 골골한 냄새'가 그렇다.

이렇듯 가락의 흐름에 붓을 맡겼다가 마지막 4연에선 숨을 고르며 결구를 짓는다. 의도하진 않았지만, 기승전결起承轉結의 형식에 따라 시작과 결구를 맺고 있다. 1연은 무심한 듯 툭! 하고 던져놓고 2연에선 온갖 잡전들을 늘어놓는다. 그리고 3연에 이르면 가락이 가락을 타고 절정에 이르다가 4연에선 천천히 5일장 구경을 마무리한다.

특히 이 시에서 주목할 부분은 3연이다. 전轉에 해당하는 3연은 3·4조의 무한반복에 의한 가락이 살아 있다. 일부러 꾸며 쓴 것이 아니라 내재된 민족의 정한이 가락을 타고 흐른 것이다. 앞말이 뒷말을 부르고 뒷말이 앞말을 주워섬기는 자유자재한 가락은 단순한 산문에 그치는 것이 아니라 운율의 맛을 아는 이만이 쓸 수 있는 능력이다. 이것이 다른 시인과 차별화되는 부분이다. 의도한 것이 아니라 그동안 시력으로 축적된 장인다움이 자연스레 표출된 것이다.

4. 지혜를 나눠주는 장인의 힘

만수산萬壽山에 무량사無量寺가 있네
요사채 섬돌에 앉아
유월 장마 장대비를 보네
무량의 시간과 만수의 행복
세상의 말씀은
저렇게 쏟아지는데
문득 서러워라
한 조각 마음 둘 데 없으니

- 「만수산 무량사」 전문

필자는 어떤 글에서 "이월춘의 시는 에피그램으로 진화 중이다"라고 쓴 적이 있다. 환갑 진갑 지나고 고희를 앞두고 있으니 굳이 시를 만들어 쓸 필요는 없다. 이번 시집엔 옹이진 글이 거의 없다. 강물의 흐름을 제어하지 않고 여울을 만나면 빠르게 흐르게 하고 산을 만나면 에둘러가게 한다. 때로는 유장하게 때로는 짧은 경구처럼 적절히 밀고 당기며 조율하는 맛이 좋다. 위 시는 8행으로 이뤄졌지만, 실은 세 문장으로 된 짧은 글이다. 최근 한국 문단엔 난해하고

긴 산문시들이 주류를 이루고 있다. 미안한 말이지만 본인도 모르고 독자도 모르는 시들이 넘쳐난다. 이는 정직함과는 거리가 있다. 난해함이 곧 현대적이란 등식은 성립되지 않는다.

시인은 부여 만수산 무량사에서 또 하나의 진경을 펼친다. 만수산에 자리 잡은 무량사라니. 그 제목을 빚은 것만 봐도 오랜 시력을 증명한다. 무궁무진 쏟아지는 '유월 장대비' 속에서 '한 조각 마음 둘 데 없는' 심사는 충분히 짐작되지 않는가. 이런 문제의 극복을 위해선 짧고 명징한 시들이 구원투수가 된다.

  죽은 돌이
  산 자의 이마를 어루만졌다

  햇살 좋은 봄날
  내 인생의
  길흉화복을 아뢰지도 않았는데

  서쪽에서 바람이 불어왔다

          -「고창에서-고인돌」 전문

얼마나 신선한가. '죽은 돌이' '산자의 이마'를 어루만지다니! 이 시는 이 한 행만으로도 할 말을 다 하고 있다. 외려 아래 행들이 사족처럼 느껴지기도 한다. 고인돌은 말한다. "차를 타고 이곳까지 왔으니 몸에 열은 나지 않느냐? 내 비록 오래 이곳에 앉아 있었어도 죽은 게 아니라 너희들 삶을 들여다보고 있었어. 수억 년을 살았으니 짧디짧은 100년의 생애를 알지 못할까?" 이런 말들이 행간에 숨어 있다.

말을 줄인 시들이 국민시로 애송되면서 그 생명은 더 길어지고 있다. 물론 예전에도 짧은 시가 없었던 것은 아니다. 유치환의 「파도」, 김상옥의 「제기祭器」, 서정주의 「동천冬天」 등이 있었지만 관심을 끌기엔 SNS의 물결을 타고 확산되는 현재와는 비교가 되지 않았다. 이처럼 설명이 필요 없는 짧은 몇 줄의 시로 감동을 전해주는 힘이 예사롭지 않다.

> 당唐나라 시인 가도賈島의 '은자를 찾았으나 만나지 못하고尋隱者不遇'를 읽었네
>
> 소나무 아래에서 머스마에게 물으니 선생님은 약초를 캐러 가셨다 하네
>
> 이 산속에 계시기는 하지만 구름 깊어 어디 계신지 모른다 하네

눈썹 하얀 은자는 어디 계시는지

죽림에 모여 거문고 뜯고 술 마시고 청담淸談을 논하면서
속세의 그물에 걸려들지 않는 삶을 지향했던 죽림칠현竹林七賢도
'서성書聖'으로 불리는 동진 시대 왕희지도 관직을 접고 청경우독晴耕雨讀했다지
소동파와 함께 북송의 4대 서가書家로 꼽히는 미불米芾이 '관은官隱'이라면
지방 사립 사대를 나와 평생 선생 노릇한 나는 교은敎隱인가

불현듯 산다는 게 간단치 않은 무게로 다가오고,
인간관계가 덧없이 여겨질 때면
세상에서 한 발짝 멀어지고 싶은 것이 인지상정
나는 자연인이다, 처럼 대리만족의 우산도 못 쓰고
깊은 산으로 들어갈 용기는 아예 없어
어찌어찌 기상천외한 21세기형 은자隱者가 되었네

— 「시은市隱」 전문

시인은 중국의 고사를 들고 와 새로운 시경을 펼

쳐놓는다. 가도賈島의 '심은자불우尋隱者不遇'를 읽다가 도리없이 '21세기형 은자隱者'로 사는 자신을 돌아본다. 선생은 어디 계시냐고 물었는데 '산이 깊어'가 아니라 '구름 깊어' 어디 계신지 모른다고 대답한다. 이는 동자의 말이라기보다 가도 자신의 대답으로 읽어야 한다. 다시 말해서 산보다는 구름이 더 신비로운 느낌을 자아내기에 문답형 선시禪詩로는 가히 절창이라 할 수 있다.

여기서 중요한 것은 가도의 시를 말하는 것이 아니다. 그 시를 인용하면서 시인이 내놓은 새로운 처방에 주목해 보는 것이다. 가도의 시 위에 이월춘의 처방전을 슬쩍 내놓은 것이 바로 '머스마'라는 시어詩語다. '동자'라고 하면 그냥 가도의 시를 인용한 것에 불과한데 '머스마'라는 말을 쓰는 순간, 가도의 시에 이월춘의 냄새가 덧입혀져 전혀 새로운 작품이 탄생된다. 그뿐만이 아니다. 북송 4대 서가 중 한 사람인 미불米芾을 불러내어 '지방 사립 사대를 나와 평생 선생 노릇한 나는 교은教隱인가'라는 시구를 갖다 붙이다 보니 죽림 은자들의 고사가 이월춘의 시로 거듭나는 마술을 보게 된다. 이처럼 자칫 딱딱할 수 있는 옛 고사에 약간의 유머를 장착시키면서 감칠맛을 낸다. 이 역시 오랜 주방 경력을 가진 요리 장인의 힘이라 생각된다.

5. 관점의 확산을 위해

동네 배꾸마당에

엿판 둘러맨 엿장수가 오면

담 넘는 동지 바람처럼 그가 나타났다

백호대살 팔자를 타고났다는 그는

엿치기의 명수였다

겉이 매끈하면 별 볼 일 없어

어영부영 이것도 아니고 저것도 아니면

사는 게 영 재미없는 것처럼

거두절미

뚝 분질러야 제맛 아이가

동네 농사에 상일꾼이었던 그는

답답한 가슴을 풀기 위해

엿을 먹었다는 그는 서른 즈음

농로農路에서 봉고차에 치여 죽었다

 -「백호대살白虎大殺-엿치기」전문

앞서 인용한 시들에서 이월춘의 유머를 보았다면 이번에는 한편의 콩트처럼 반전의 묘미를 읽는 재미가 쏠쏠하다. 독자와 밀고 당기는 긴장 속에서 적당히 여유의 끈을 풀어준다. 엿치기 명수였던 상일꾼을 불러와 마을의 한 풍경을 구성한다. '배꾸마당', '엿판 둘러맨 엿장수', '백호대살 팔자' 같은 말들로 독자의 긴장을 풀어놓는다. 독자는 다음에는 어떤 말들이 시를 구성지게 할 것인가 하고 기대하고 읽는데 마지막 행에서 '농로農路에서 봉고차에 치여 죽었다'라는 허무한 반전과 맞닥뜨린다. 하지만 이런 반전은 전혀 엉뚱하지 않다. 앞에서 이미 복선을 깔아 놓았는데 독자들은 그냥 지나친 것이다. 제목인 '백호대살'은 그 비극적 운명을 말한다. 그런데도 엿치기라는 재미난 놀이에 취한 나머지 그 비극적 결말을 예견하지 못한 것이다. 이는 시인이 의도한 절묘한 한 수다. 백호대살 팔자는 잘하면 엄청난 에너지를 갖는 기운이고, 잘 못하면 그 기운으로 인해 거꾸로 살을 당할 수가 있다. 농자천하지대본 시절에 상일꾼은 백호의 기운을 가졌으나 결국 대농의 꿈을 이루지 못하고 요절하고 만, 팔자 센 한 사내의 이야기를 통해 자신을 돌아보게 한다.

이는 대수롭지 않은 이야기에 불과하지만, 몸가짐

과 처신을 잘하라는 교훈이 담겨 있다. 힘주어 말하지 않고 그저 허랑한 이야기를 통해 나를 돌아보게 하는 이월춘 식 인생 교과서가 미소를 머금게 한다. 웃음을 잃어가고 시집이 숱하게 배달되어 오는 시대에 이처럼 무겁지 않게 삶을 돌아보게 하는 시의 일독을 권하지 않을 이유가 있겠는가.

동네 이발소에 머리감개로 들어와
허드렛일 삼 년 후 바리캉을 들었고
오십이 년을 이발사로 살았다
뭐니뭐니해도 먹고 사는데
신발 가게와 이발소만 한 게 없다던
아버지가 열두 살 나에게 내린 처방이었다
장발 시대와 아이엠에프 바람에도
나는 끄떡 없이 봄가을을 맞았다
세월이 반질반질한 가죽 의자
가죽 띠에 쓱쓱 갈아쓰는 일자 면도기
물때가 잔뜩 낀 플라스틱 조루
군데군데 타일이 깨진 세발대를 껴안고
예쁜 면도사에 안마니 뭐니 하지 않고
이발소는 머리를 깎는 곳이라고
싹둑싹둑 자르지 말고 사각사각 잘라야

남자 머리라고 이발소는 이발소고
미용실은 미용실이라 하다가 문을 닫는다

- 「풍년이발소 문 닫는다 - 이발사 오경철 씨」 전문

 시인은 기억을 기록하는 사람이다. 한 시대를 같이 산다 해도 세대 간 간격은 뚜렷하다. 아버지의 시간을 아들이 모르고 아들의 시간을 아버지가 모른다. 그런 의미에서 보면 이 시는 슬쩍 일별하고 지나가기보다 눈길 주어야 하는 시라고 생각한다. 우선 의미심장한 이름 '풍년이발소'가 그렇다. 주인인 오경철 씨는 어려웠던 시절 밥배 불리는 것이 소원이기도 했으리라. 그래서 이밥이라도 맘껏 먹을 수 있는 풍년을 꿈꾸었고, 나아가 곳간 가득한 부자가 되길 염원한 것이다.

 이 시집엔 낯익은 풍경이 많다. '희망여인숙에 김 씨'(「구멍가게 인생」), '착한 사람들이 낮게 엎드려 사는'(「속천」), '언제나 안에 있지만 밖이었던 시절'(「진해역」), '연두색 조끼 입은 청소원들'(「열시 반」), '너는 도깨비고 나는 사람이라며 서로 싸우지만'(「도깨비는 힘이 세다」) 등 대충 일별해 봐도 늘 만나던 이웃들과의 아웅다웅이 그것이다. 젊은이들이 볼 때

관심 가질 이유가 없는 대상에 굳이 눈길을 준 것은 사라져 가는 것, 다시는 떠올릴 필요도 없는 것에 대해 가교를 설정하는 행위이다. 그리고 이것이 바로 전령사의 역할이다. 시인은 그 역할에 충실하고 싶어 한다. 자신만의 철학으로 일군 이발관도 결국 시간의 뒤안길에서 밀려나는, 시대의 건강진단서는 쓸쓸하다.

  그러나 또한 다른 관점에서 보면 AI로 대변되는 요즘, 과연 시인의 미래는 어떨 것인가를 생각해 본다. '풍년이발소'가 지향했던 작은 꿈은 우리 시대 시인들의 지향점과 유사한 면이 있다. 시인들은 토씨 하나, 시어 하나를 제대로 찾아내기 위해 밤을 지새우지만, 정작 독자들은 전체 의미망의 그물에만 신경 쓴다. 그러므로 결국엔 AI가 써내는 글에 잠식당할 날이 머지않다는 생각이 든다. 이 시는 이런 관점의 확산을 불러온다.

6. '바람 냄새 나는 사람'은 바로 자신이다

    경화오일장을 거닐었지

    삶은 돼지머리 냄새처럼

    가격표가 없는 월남치마가 바람에 펄럭이고

내동댕이치는 동태 궤짝을 피해
장돌뱅이들의 호객 소리에 귀를 내주면서

나이 들고 넉살이 늘어도
국산 콩 수제 두부는 어떻게 사야 하며
맏물 봄나물을 만나려면 어디로 가야 하는지
말 없이는 세상을 살 수 없는 재래시장

갓 구운 수수부꾸미를 맛보며
고들빼기김치나 부드러운 고사리나물을 담고
과일 노점 옆 참기름집에서 이웃을 만나고
오는 사람마다 결을 맞춰주는 마법의 시장

경화오일장을 바람처럼 거닐었지
나만의 광야, 즐거운 소란 속으로
나만의 고독을 끌고 들어가 아픔을 벗고
마침내 어둠의 갈피 속에서 길을 찾아냈지

-「바람 냄새 나는 사람」전문

이 시는 진해 '경화오일장'을 그린 풍경이다. 이 장이 언제 시작되었는지 현재 어떤지는 그리 궁금하지 않다. 다만 이월춘 시인과 진해를 대표하는 오일장과의 인연이 궁금하다. 그 궁금증 해소를 위해서는 마지막 4연에 주목해야 한다. "경화오일장을 바람처럼 거닐었지/나만의 광야, 즐거운 소란 속으로/나만의 고독을 끌고 들어가 아픔을 벗고/마침내 어둠의 갈피 속에서 길을 찾아냈지"가 그것이다. 시인은 왜 그 오일장을 바람처럼 거닐었는가?

진해는 시인을 성장시키고 현재까지 이끌어 준 도시다. 그곳에서 이십대에 동인 활동을 시작했고, 1986년 처녀 시집 『칠판지우개를 들고』를 펴내었으며, 현재 아홉 번째 시집 『바람 냄새 나는 사람』까지 허위허위 걸어왔다. 그 세월이 바람과 같다. 이곳은 시인이 꿈꾸고 펼친 광야이며 때론 고독 속에서 자신을 자책하고 어둠 속에서 새로운 길을 찾기 위해 헤맨 우주였기 때문이다.

이월춘 시인은 미지의 시간으로의 항해를 위해 시인을 꿈꾸었고, 문학의 지평을 넓혀가기 위해 끊임없이 노력했다. 그 문학 여정을 늘 함께하면서 자신의 거울을 닦는 모습을 곁에서 지켜보았다. 그런 부단함과 고단함이 이월춘 시의 뿌리였고, 잎새였다. 그렇게 키운 나무는 이제 숲이 되었다.

시인은 '바람 냄새 나는 사람'을 그리워하지만, 필

자에게 그런 사람은 바로 이월춘이다. 세월은 주름살과 흰머리를 선사했으나 그동안에도 자세는 흐트러지지 않았다. 미래의 시가 어떤 옷을 입고 나타나건 시를 향한 그의 초심은 변하지 않을 것이다. 시집은 시인의 집인 동시에 약속이기도 하다. 높은 파도에 헤매고 가파른 물살에 바쁘게 밀려왔으니 이제 대양에 닿을 배가 평화롭기를, 흔들리면서도 흔들림을 사랑하는 여유로운 시인으로 나아가기를 바란다. 그런 마음을 전하며 이 글을 마친다.